COLECCIÓN JUEGOS Y ACERTIJOS

COLECCIONES

Ejecutiva
Superación personal
Salud y belleza
Familia
Literatura infantil y juvenil
Con los pelos de punta
Pequeños valientes
¡Que la fuerza te acompañe!
Juegos y acertijos
Manualidades
Cultural
Espiritual
Medicina alternativa
Computación
Didáctica
New Age
Esoterismo
Humorismo
Interés general
Compendios de bolsillo
Aura
Cocina
Tecniciencia
Visual
Arkano
Extassy

Gale & **MENSA**
Skitt

Acertijos con números para niños

SELECTOR
actualidad editorial

SELECTOR
actualidad editorial
Aniversario
5
1950-2000

Doctor Erazo 120
Colonia Doctores
México 06720, D.F.

Tel. 55 88 72 72
Fax: 57 61 57 16

ACERTIJOS CON NÚMEROS PARA NIÑOS
Título en inglés: *Number Puzzles for Kids*

Traducción: Silvia Peláez
Diseño de portada: Edgar Osorio

Text and puzzle content copyright ©
British Mensa Limited 1994 & 1997

Design and artwork copyright ©
Carlton Books Limited 1994 & 1997

D.R. © 2000, Selector S.A. de C.V.
Derechos de edición en español reservados
 para México y América Central

ISBN-13:978-970-643-262-9
ISBN-10:970-643-262-0

Décima Primera reimpresión. Septiembre de 2006.

NI UNA FOTOCOPIA MÁS

CONTENIDO

INTRODUCCIÓN

Te damos la bienvenida al mundo de los números. Este libro ha sido escrito especialmente para ti por Carolyn Skitt y por mí. Los acertijos están divididos en seis diferentes niveles de dificultad, empezando con el nivel A, el cual es muy sencillo, hasta llegar al nivel F, para el cual necesitas ser un gran genio.

En este libro encontrarás dinosaurios, atraparás naves espaciales y contarás monedas del distante planeta Venox. De hecho, tendrás todo tipo de raras y maravillosas aventuras. Hay que formar cajas extrañas, localizar animales y banderas con alguna diferencia. Estos acertijos, junto con muchos otros, te darán horas de placer y mucho más. Cuanto más ejercites tu cerebro más hábil será y, así, después de haber vagado por los niveles más sencillos llegarás hasta los más difíciles sin dificultad.

¿Pero cómo son los acertijos de los niveles difíciles? Probablemente los encontrarás mucho más sencillos de lo que parecen a primera vista después de hacer las secciones iniciales, porque ya habrás adquirido cierta práctica. Y piensa lo orgulloso que estarás de ti cuando puedas resolver los acertijos que pensabas que era imposible. Pero si aún así los encuentras muy difíciles, consulta las respuestas que están al final del libro.

HAROLD GALE,
ex director ejecutivo de British MENSA

CÓMO UNIRSE A MENSA

Si te gustan los acertijos es muy probable que te guste MENSA. Es la única asociación que conozco que te deja entrar sólo porque eres bueno para resolver acertijos. Tenemos cerca de 120 mil miembros en todo el mundo (la mayoría de ellos en Gran Bretaña y Estados Unidos). Los miembros más jóvenes de la rama británica de MENSA se mantienen en contacto a través de la revista *Bright Sparks,* que se publica bimestralmente y contiene historias, acertijos, secciones especiales, una página de Furia (para los verdaderamente furiosos), cartas, preguntas que dejan perplejo con (esperamos) respuestas sensatas y mucho más. Lo más importante acerca de MENSA es que puedes conocer mucha gente con intereses muy diversos. Para mayor información ponte en contacto con British Mensa Limited, Mensa House, St. John's Square, Wolverhampton WV2 4AH.

★ NIVEL A ★

QUÉ FÁCIL*

░░░░░░░░░░░░░░░░░░░░░░░░░░░░░░

ACERTIJO 1

Usando los números que se muestran abajo, ¿cuántas formas distintas hay de sumar tres números para hacer un total de 8?

Un número puede usarse más de una vez, pero un mismo grupo de números no puede repetirse en un orden distinto.

ACERTIJO 2

Mueve hacia arriba o transversalmente el 1 que está abajo a la izquierda. Junta nueve números y súmalos. ¿Cuánto es lo más que puedes obtener?

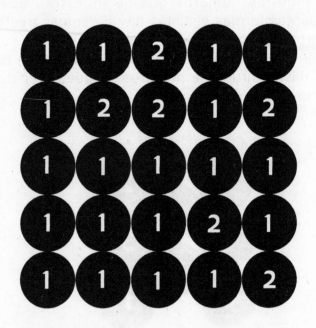

ACERTIJO 3

Une los puntos usando solamente los números impares. Empieza por el más bajo y descubre el objeto. ¿Qué es?

ACERTIJO 4

En la casilla central coloca un número mayor que 1. Si el número es el correcto, los demás números podrán dividirse entre él sin que quede remanente. ¿Cuál es el número?

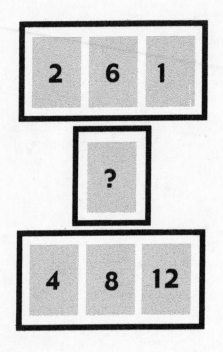

ACERTIJO 5

Cada sector del círculo sigue un patrón. ¿Qué número debe sustituir al signo de interrogación?

ACERTIJO 6

Cada rebanada de pastel suma el mismo número. ¿Qué número debe sustituir al signo de interrogación?

ACERTIJO 7

Si observas atentamente deberías ver por qué los números están escritos de esa manera. ¿Qué número debe ir en lugar del signo de interrogación?

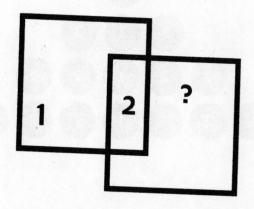

ACERTIJO 8

Mira el patrón de números en el diagrama. ¿Qué número debe ir en lugar del signo de interrogación?

ACERTIJO 9

Mueve el 3 de abajo a mano izquierda, hacia el 3 de arriba a mano derecha, y junta los cinco números. Cada círculo negro vale 1 y esto se debe sumar a tu total cada vez que te encuentres uno de estos círculos. ¿Cuál es el total más alto que puedes sumar?

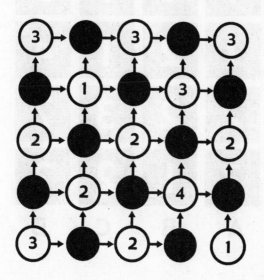

ACERTIJO 10

Los números en la columna D están vinculados de alguna forma con aquellos números de las columnas A, B y C. ¿Qué número debe sustituir al signo de interrogación?

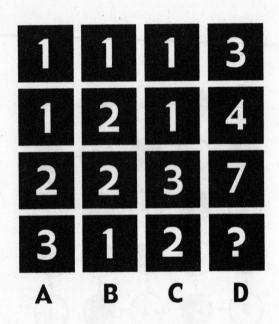

ACERTIJO 11

Cada símbolo vale un número. El total de los símbolos puede encontrarse al final de cada hilera. ¿Qué número debería ir en lugar del signo de interrogación?

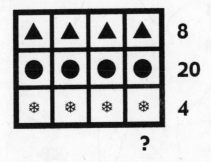

ACERTIJO 12

¿Cuál es el número más bajo de líneas necesarias para dividir el camello de modo que puedas encontrar los números 1, 2 y 3 en cada selección?

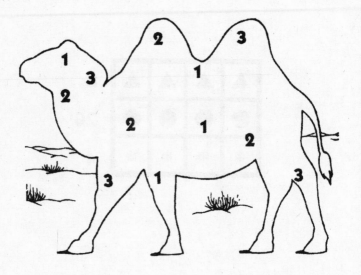

ACERTIJO 13

Llena este cuadro con los números del 1 al 5 de modo que ninguna hilera, columna o diagonal de cinco cuadritos utilice el mismo número más de una vez. ¿Qué número debe ir en lugar del signo de interrogación?

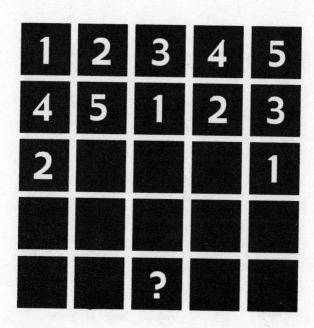

ACERTIJO 14

Sigue las flechas y encuentra la ruta más larga posible. ¿Cuántas casillas has tocado?

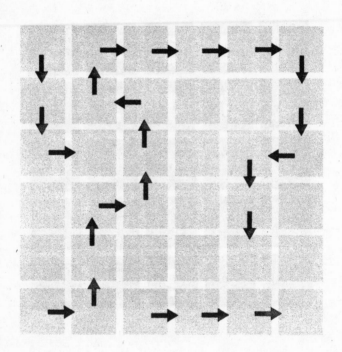

ACERTIJO 15

Empieza en el 3 del centro y muévete de ese círculo a otro. Junta tres números y súmalos al 3. ¿Cuántas rutas distintas hay que sumen un total de 8?

ACERTIJO 16

¿Cuántos cuadrados de cualquier tamaño puedes encontrar en este diagrama?

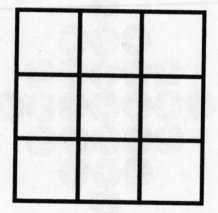

ACERTIJO 17

El primer grupo de la balanza está equilibrado. ¿Cuántas A se necesitan para equilibrar la segunda balanza?

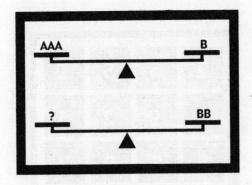

ACERTIJO 18

Divide las casillas utilizando cuatro líneas de modo que cada forma sume lo mismo. ¿Cómo se hace esto?

ACERTIJO 19

¿Cuáles cuadrados contienen los mismos números?

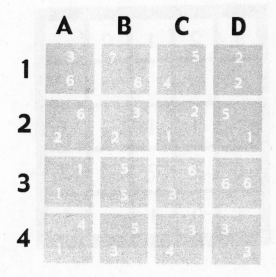

ACERTIJO 20

Llena las casillas vacías de modo que cada línea sume 5, incluyendo las líneas que van de esquina a esquina. ¿Qué número deberá sustituir el signo de interrogación?

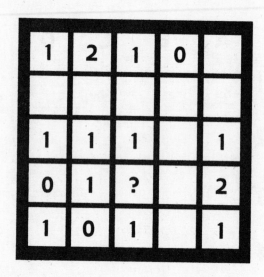

ACERTIJO 21

Copia cuidadosamente estas formas y reacomódalas para formar un número. ¿Cuál es ese número?

ACERTIJO 22

¿Qué número deberá colocarse en el triángulo para continuar con la serie?

ACERTIJO 23

Aquí tienes una serie de números. ¿Qué número debe estar en lugar del signo de interrogación?

ACERTIJO 24

Sustituye cada signo de interrogación con uno de más, de menos, de multiplicar o de dividir. Cada signo puede usarse más de una vez. Cuando se hayan utilizado los signos correctos la suma estará completa. ¿Cuáles son los signos?

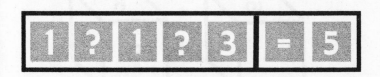

ACERTIJO 25

¿Cuántos 3 puedes encontrar en el pterodáctilo?

ACERTIJO 26

¿Cuál de estas imágenes no es de la misma caja?

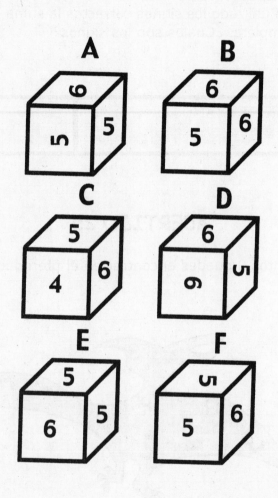

ACERTIJO 27

Encuentra los seis números correctos que van en el recuadro. Hay dos opciones para cada cuadrado, por ejemplo 1A dará el número 2. Cuando hayas encontrado los números correctos aparecerá una sencilla serie. ¿Cuál es la serie?

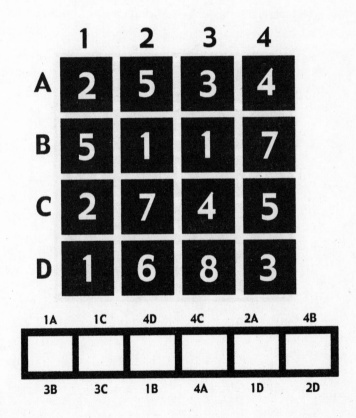

ACERTIJO 28

Los números en la sección central tienen alguna relación con aquéllos que están a los lados. Encuéntrala y dinos qué debe estar en lugar del signo de interrogación.

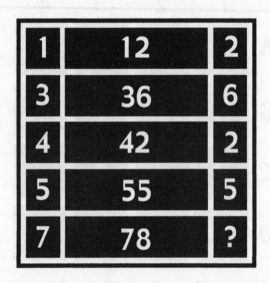

1	12	2
3	36	6
4	42	2
5	55	5
7	78	?

MÁS DIFÍCIL*

ACERTIJO 29

Los números en la sección central tienen alguna relación con los de los lados. Encuentra cuál es esa relación y dinos qué debe estar en lugar del signo de interrogación.

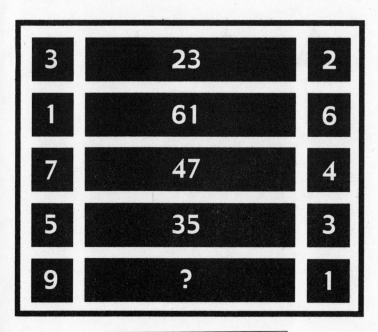

3	23	2
1	61	6
7	47	4
5	35	3
9	?	1

ACERTIJO 30

¿Qué número debe ser colocado en el triángulo para continuar la serie?

ACERTIJO 31

Para que despegue la nave debes redondear su número. Para hacerlo, quita ya sea 11, 13, 19, 21 o 25. ¿Cuál es el número que debes usar?

ACERTIJO 32

Muévete hacia arriba o transversalmente desde el 2 que está abajo a la izquierda hasta el 1 arriba a la derecha. Junta nueve números y súmalos. ¿Cuál es lo más que puedes obtener?

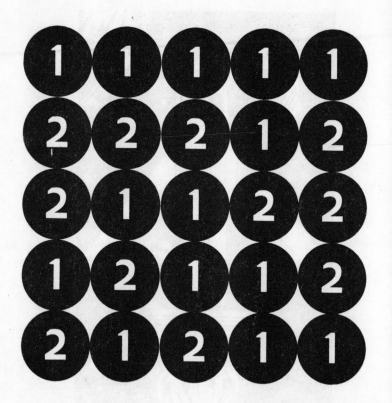

ACERTIJO 33

Empieza en cualquier esquina de la figura y sigue las líneas. Suma los primeros cuatro números que encuentres y suma el resultado al número de la esquina. ¿Cuánto es lo menos que puedes obtener?

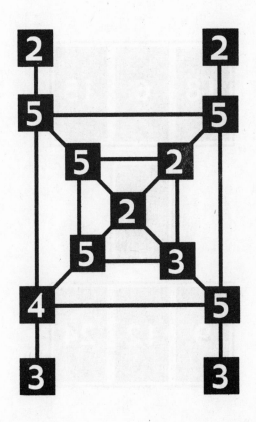

ACERTIJO 34

En la casilla central coloca un número mayor que 1. Si el número es correcto, todos los demás números podrán dividirse entre éste, sin dejar remanente. ¿Cuál es el número?

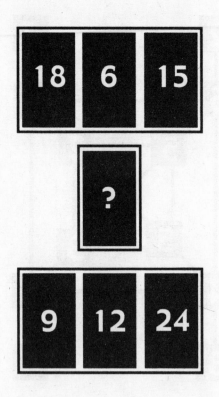

ACERTIJO 35

Cada sector del círculo sigue un patrón. ¿Qué número debe ir en lugar del signo de interrogación?

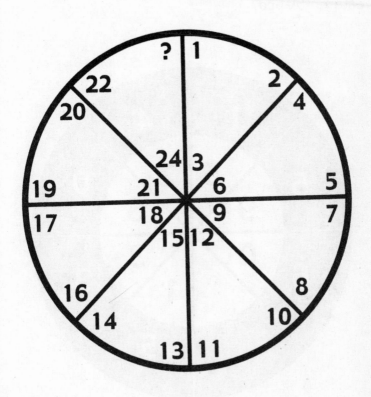

ACERTIJO 36

La suma de cada rebanada da como resultado el mismo número. Todos los números que van alrededor del pastel suman 24. ¿Cuáles son los dos números que deben aparecer en la rebanada que está en blanco?

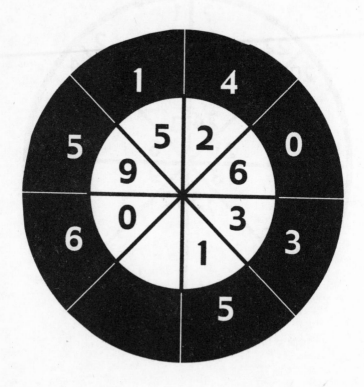

ACERTIJO 37

Si miras cuidadosamente podrás descubrir por qué los números están escritos así. ¿Qué número debe ir en lugar del signo de interrogación?

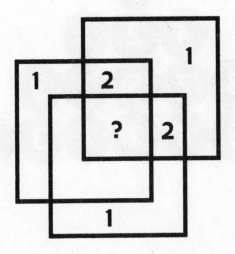

ACERTIJO 38

Observa el patrón que siguen los números en el diagrama. ¿Qué número debe ir en lugar del signo de interrogación?

ACERTIJO 39

Los números en la columna D están vinculados de alguna manera con los de la columna A, B y C. ¿Qué número debe ir en lugar del signo de interrogación?

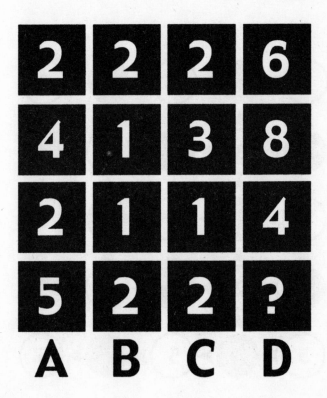

A	B	C	D
2	2	2	6
4	1	3	8
2	1	1	4
5	2	2	?

ACERTIJO 40

Muévete del botón 5 que está abajo a la izquierda hacia el 2 de arriba a la derecha y suma los cinco números. Cada círculo negro vale 2 y esto deberá sumarse al total cada vez que encuentres un círculo negro. ¿Cuál es el total más alto que puedes encontrar?

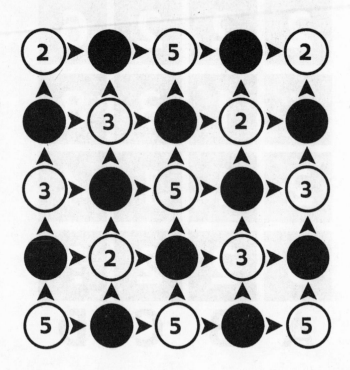

ACERTIJO 41

Cada símbolo tiene valor numérico. El total de los símbolos puede encontrarse a lo largo de cada fila y cada columna. ¿Qué número debe ir en lugar del signo de interrogación?

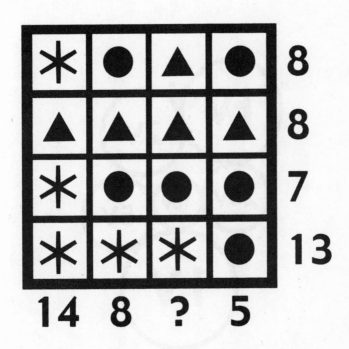

ACERTIJO 42

En el planeta Venox las monedas utilizadas son 1V, 2V, 5V, 10V, 20V y 50V. Un venoxiano tiene 374V en el banco "garabato". Tiene el mismo número de tres tipos de monedas. ¿Cuántas monedas hay de cada una y cuáles son éstas?

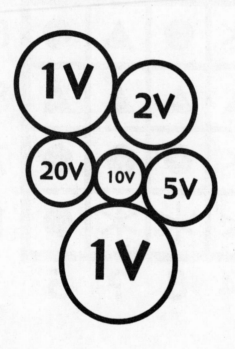

ACERTIJO 43

¿Cuál es el menor número de líneas necesarias para dividir el elefante de modo que puedas encontrar los números 1, 2, 3 y 4 en cada sección?

ACERTIJO 44

Aquí tienes una serie de números. ¿Qué número debe ir en lugar del signo de interrogación?

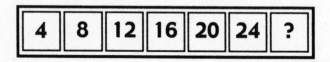

| 4 | 8 | 12 | 16 | 20 | 24 | ? |

ACERTIJO 45

Sustituye cada interrogación con un signo de más, menos, multiplicación o división. Cada signo puede utilizarse más de una vez. Cuando se hayan utilizado los signos correctos la operación estará completa. ¿Cuáles son los signos correctos?

| 2 | ? | 3 | ? | 1 | = | 4 |

ACERTIJO 46

Sigue las flechas y encuentra la ruta más larga.
¿Cuántas casillas incluiste?

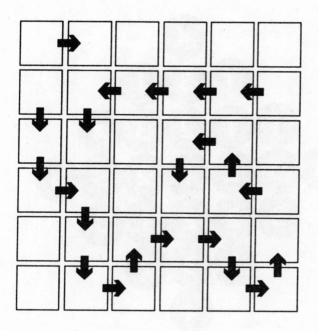

ACERTIJO 47

Empieza con el 1 del centro y muévete de un círculo a otro sin saltar ninguno. Junta tres números y súmalos al 1. ¿Cuántas rutas hay que sumen 10?

ACERTIJO 48

¿Cuántos cuadrados de cualquier tamaño puedes encontrar en este diagrama?

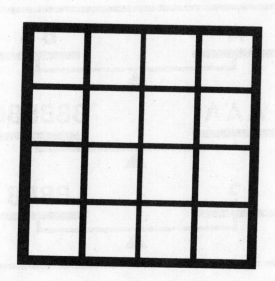

ACERTIJO 49

Las balanzas 1 y 2 están en perfecto equilibrio.
¿Cuántas A se necesitan para equilibrar la tercera?

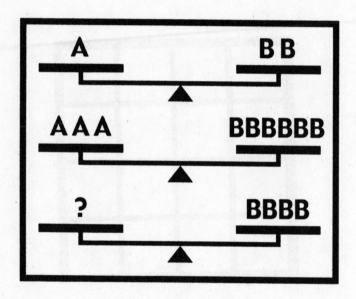

ACERTIJO 50

Divide la casilla en cuatro formas idénticas. Los números en cada forma deben sumar lo mismo. ¿Cómo se hace?

ACERTIJO 51

¿Cuantos cuadrados tienen los mismos números?

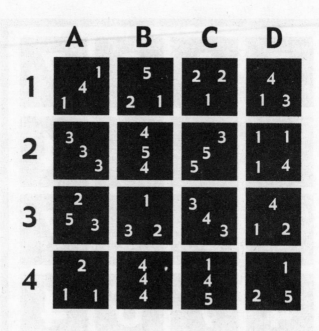

ACERTIJO 52

Llena las casillas vacías de modo que cada línea sume 10, incluyendo las líneas que van de una esquina a otra, usando sólo un número. ¿Qué número es?

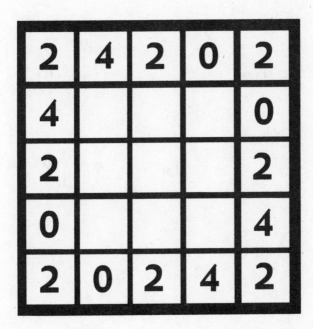

ACERTIJO 53

Une los puntos usando solamente los números impares. Empieza con el menor y descubre el objeto. ¿Qué es?

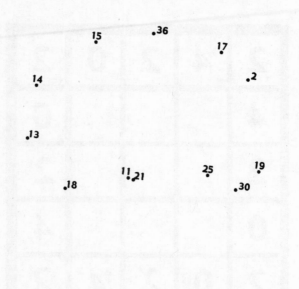

ACERTIJO 54

¿Cuál de estos dibujos no es de la misma caja?

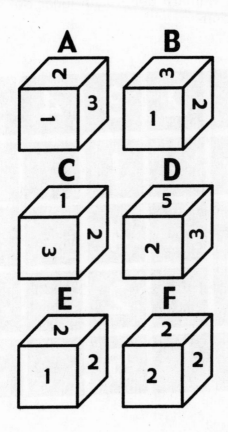

ACERTIJO 55

Llena este cuadrado con los números del 1 al 5 de modo que ninguna fila, columna o diagonal de cinco cuadrados utilice el mismo número más de una vez. ¿Qué número debe ir en lugar del signo de interrogación?

ACERTIJO 56

Encuentra los seis números correctos y ponlos en el recuadro de abajo. Hay dos opciones para cada cuadrado, por ejemplo, 1A daría el número 12. Cuando hayas encontrado los números correctos, aparecerá una sencilla serie. ¿Cuál es la serie?

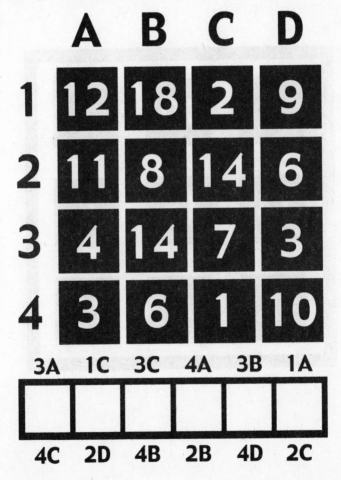

	A	B	C	D
1	12	18	2	9
2	11	8	14	6
3	4	14	7	3
4	3	6	1	10

3A	1C	3C	4A	3B	1A
4C	2D	4B	2B	4D	2C

ACERTIJO 57

¿Cuál de los números del cuadrado es el que no encaja y por qué?

ACERTIJO 58

Usando los números que se muestran a continuación, ¿cuántas formas hay de sumar tres números para que den un total de 10? Un número puede usarse más de una vez, pero no puede repetirse un mismo grupo de números en un orden distinto.

NÚMEROS CRUELES*

ACERTIJO 59

Los números en la sección central tienen cierta relación con aquellos que están a los lados. Descubre cuál es esta relación y qué número **debe** estar en lugar del signo de interrogación?

5	10	5
2	9	7
8	12	4
3	6	3
5	?	6

---

* Respuestas al final del libro.

ACERTIJO 60

Muévete hacia arriba o transversalmente desde el botón 3 que está abajo a la izquierda hacia el 3 de arriba a la derecha. Junta nueve números y súmalos. ¿Cuánto es lo mínimo que obtienes?

ACERTIJO 61

Empieza en cualquier esquina y sigue las líneas. Suma los primeros cuatro números que encuentres y después agrega el total al número de la esquina. ¿Cuál es el número máximo que puedes alcanzar?

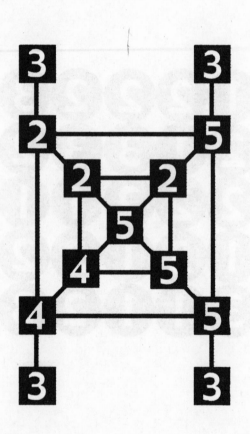

ACERTIJO 62

En la casilla central coloca un número mayor que 1. Si el número es el correcto, todos los otros números pueden ser divididos entre éste sin dejar ningún remanente. ¿Cuál es el número?

ACERTIJO 63

Cada sector del círculo sigue un patrón. ¿Cuál es el número que debe sustituir al signo de interrogación?

ACERTIJO 64

Si observas con cuidado deberías ver por qué los números están escritos de esta forma. ¿Qué número debería estar en lugar del signo de interrogación?

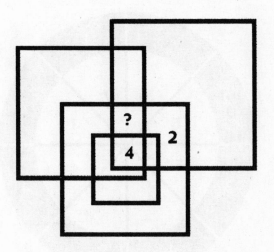

ACERTIJO 65

Cada rebanada de este pastel suma el mismo número. Todos los números que están alrededor del pastel dan un total de 32. ¿Qué números deben ir en las rebanadas en blanco?

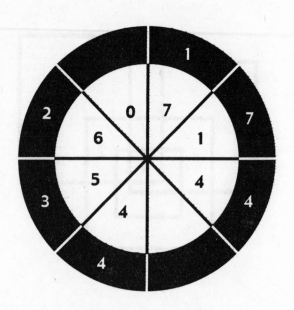

ACERTIJO 66

Aquí tienes una caja fuerte poco usual. Para abrirla debes oprimir cada uno de los botones sólo una vez en el orden correcto. El último botón está marcado con una letra F. El número de movimientos y la dirección de éstos está señalada en cada botón. Así, 1N significa un movimiento hacia el norte, en tanto que 1O significa un movimiento hacia el oeste. ¿Cuál es el botón que debes oprimir primero? Aquí tienes una pista: puede estar en la fila central.

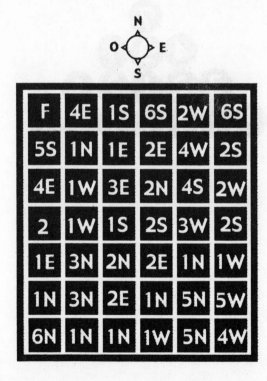

F	4E	1S	6S	2W	6S
5S	1N	1E	2E	4W	2S
4E	1W	3E	2N	4S	2W
2	1W	1S	2S	3W	2S
1E	3N	2N	2E	1N	1W
1N	3N	2E	1N	5N	5W
6N	1N	1N	1W	5N	4W

ACERTIJO 67

Mira cada línea de números en este diagrama. ¿Qué número debe ir en lugar del signo de interrogación?

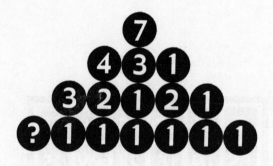

ACERTIJO 68

Los números de la columna D están relacionados de alguna manera con los números de las columnas A, B y C. ¿Qué número debe ir en lugar del signo de interrogación?

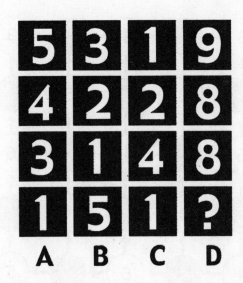

ACERTIJO 69

Muévete del 4 que está abajo a la izquierda hacia el 3 de arriba a mano derecha, sumando los cinco números. Cada círculo negro vale menos 1 y esto debe restarse del total cada vez que encuentres uno. ¿Cuál es el total más alto que puedes obtener?

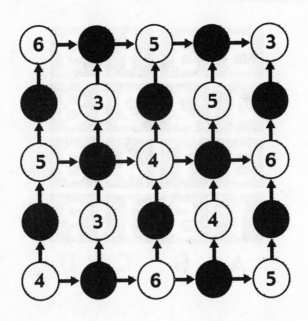

ACERTIJO 70

Cada símbolo equivale a un número. El total de los símbolos puede encontrarse a lo largo de cada fila y columna. ¿Qué número debe sustituir al signo de interrogación?

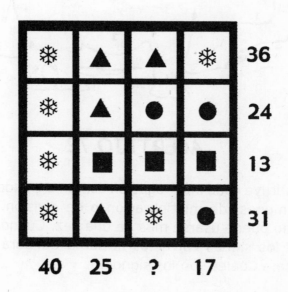

ACERTIJO 71

¿Cuál es el menor número de líneas necesario para dividir el rinoceronte, de modo que puedas encontrar los números 1, 2, 3, 4 y 5 en cada una de las secciones?

ACERTIJO 72

Sustituye cada interrogación con un signo de más, de menos, de multiplicación o de división. Cada signo puede usarse más de una vez. Cuando tengas los signos correctos la suma quedará completa. ¿Cuáles son los signos?

ACERTIJO 73

Sigue las flechas y encuentra la ruta más larga posible. ¿En cuántas casillas has entrado?

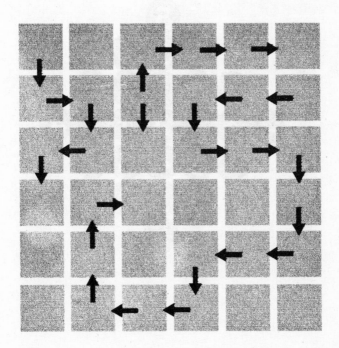

ACERTIJO 74

Empieza en el 2 de en medio y muévete de un círculo a otro. Junta tres números y súmalos al 2. ¿Cuántas rutas diferentes hay en las que el total es 12?

ACERTIJO 75

Divide el cuadrado usando cuatro líneas de modo que al sumar los números de cada sección den lo mismo. ¿Cómo lo harías?

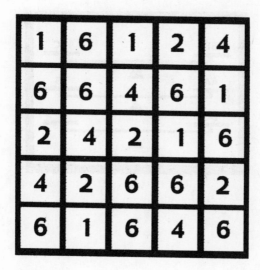

ACERTIJO 76

Las balanzas 1 y 2 están en perfecto equilibrio. Si una C equivale a cuatro A, ¿cuántas A se necesitan para equilibrar la tercer balanza?

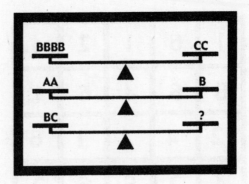

ACERTIJO 77

¿Cuántos rectángulos de cualquier tamaño puedes encontrar en este diagrama? ¡Recuerda que un cuadrado es también un rectángulo!

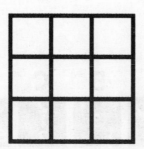

ACERTIJO 78

¿Qué número debería sustituir al signo de interrogación para continuar la serie?

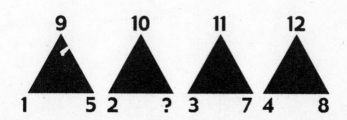

ACERTIJO 79

¿Cuáles cuadrados contienen los mismos números?

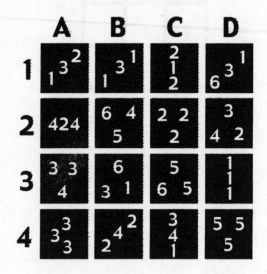

ACERTIJO 80

Llena las casillas vacías de modo que cada línea sume lo mismo, incluyendo las líneas que van de una esquina a otra. ¿Cuáles son los dos números que serán usados para hacer esto?

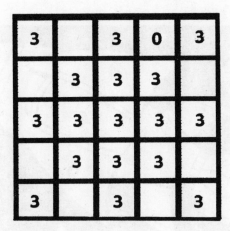

ACERTIJO 81

Has despegar la nave espacial al encontrar un dígito que se pueda dividir entre los números que aparecen sobre la nave, sin dejar remanente. ¿Qué número debes usar?

ACERTIJO 82

Aquí tienes una serie de números. ¿Cuál número debe sustituir al signo de interrogación?

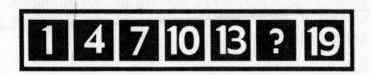

ACERTIJO 83

Une los puntos, usando los números pares solamente. Empieza con el menor y descubre el objeto. ¿Qué es?

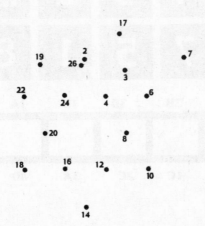

ACERTIJO 84

Encuentra los seis números correctos que deben ir en el recuadro de abajo. Tienes dos opciones para cada cuadrado, por ejemplo, 1A daría el número 9. Cuando hayas encontrado los números correctos, aparecerá una serie sencilla. ¿Cuál es esa serie?

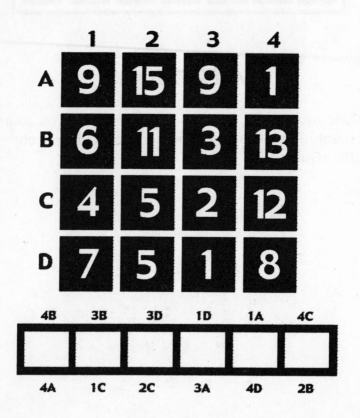

ACERTIJO 85

¿Cuál de los números en el cuadrado es un número impar que no sigue el patrón y por qué?

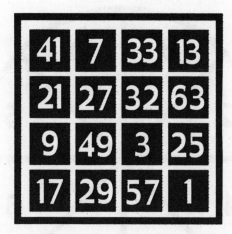

ACERTIJO 86

Cada rebanada de este pastel tiene escrito un número. Usando esos números: ¿cuántas formas hay de sumar tres números para hacer un total de 13? Un número puede usarse más de una vez, pero un mismo grupo de números no puede repetirse en un orden distinto.

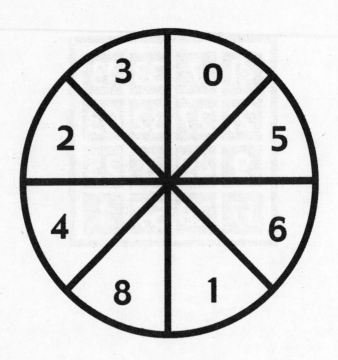

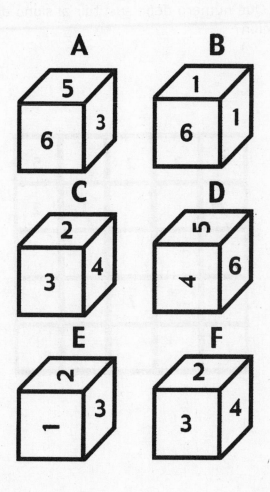

ACERTIJO 87

¿Cuál de estas imágenes no es de la misma caja?

ACERTIJO 88

Llena este cuadrado con los números del 1 al 5 de modo que ninguna fila, columna o diagonal de cinco cuadros utilice el mismo número más de una vez. ¿Qué número debe sustituir al signo de interrogación?

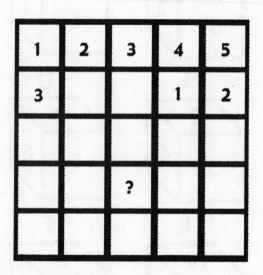

ACERTIJO 89

Muévete hacia arriba o transversalmente desde el botón 5 que está abajo a la izquierda hasta el 5 de arriba a la derecha. Junta nueve números y súmalos. ¿Cuál es la mayor cantidad que puedes obtener?

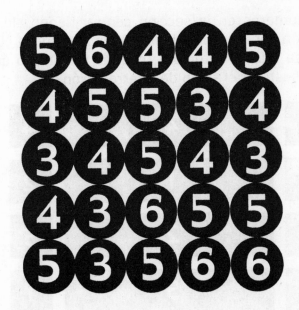

★ NIVEL D ★

NÚMEROS QUE ATURDEN LA MENTE*

ACERTIJO 90

Los números en la sección central tienen cierta relación con aquellos de los lados. Descubre cuál es esta relación y dinos: ¿cuál es el número que debe sustituir el signo de interrogación?

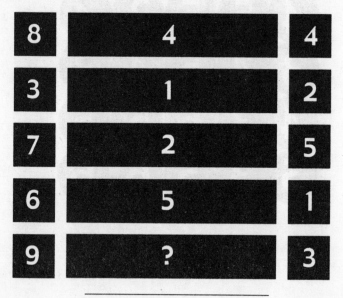

8	4	4
3	1	2
7	2	5
6	5	1
9	?	3

* Respuestas al final del libro.

ACERTIJO 91

Muévete hacia arriba o transversalmente desde el 2 que está abajo a la izquierda hasta el 3 de arriba a mano derecha. Junta nueve números y súmalos. ¿Cuánto es lo máximo que puedes obtener?

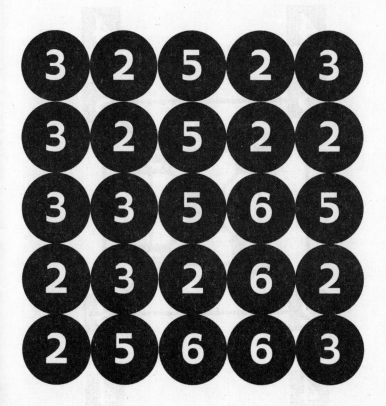

ACERTIJO 92

Empieza en cualquier esquina y sigue las líneas. Suma los primeros cuatro números que encuentres y después suma el total al número de la esquina. ¿Cuánto es lo máximo que puedes obtener?

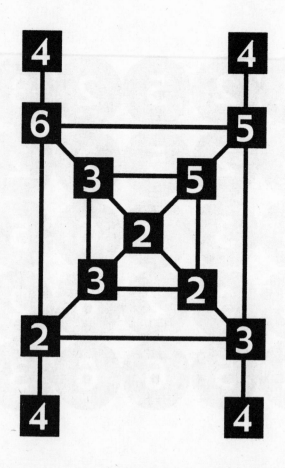

ACERTIJO 93

Coloca en la casilla central un número mayor que
1. Si el número es el correcto, todos los otros
números pueden dividirse entre él, sin dejar remanente. ¿Cuál es el número?

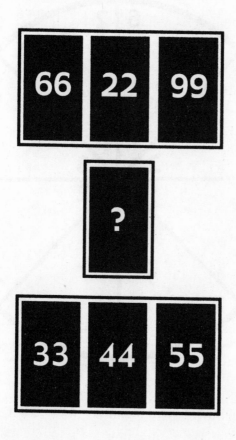

ACERTIJO 94

Cada sector del círculo sigue un patrón. ¿Qué número debe sustituir al signo de interrogación?

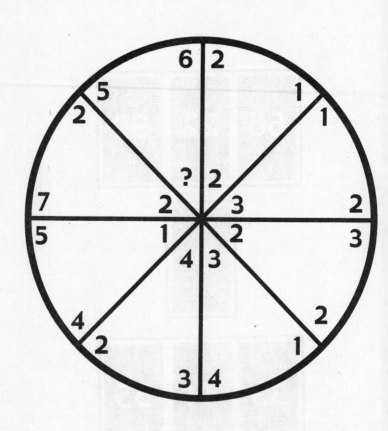

ACERTIJO 95

Aquí tienes un caja fuerte muy especial. Para abrirla, debes oprimir cada uno de los botones una sola vez en el orden correcto. El último botón está marcado con una letra F. El número de movimientos y la dirección de éstos está señalado en cada botón. Así, 1 i significa ir hacia adentro, mientras que 1o es ir hacia afuera. 1c es moverse en dirección de las manecillas del reloj y 1C es hacerlo en contra de las manecillas. ¿Cuál es el botón que debes presionar primero? Aquí tienes una pista: observa alrededor del borde de la figura.

ACERTIJO 96

Cada rebanada del pastel suma el mismo número, al igual que cada círculo del mismo. ¿Qué número debe aparecer en los espacios en blanco?

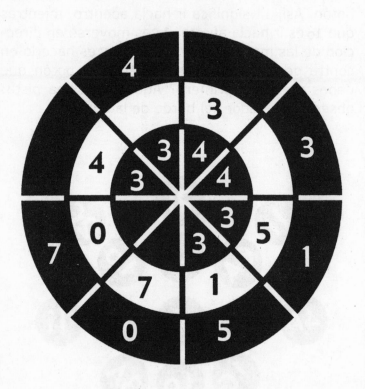

ACERTIJO 97

Si miras cuidadosamente podrás ver por qué los números están escritos de esta forma. ¿Qué número debería sustituir el signo de interrogación?

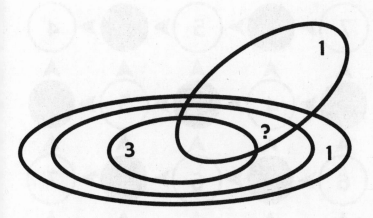

ACERTIJO 98

Muévete del 5 que está abajo a la izquierda hasta el 4 de arriba a mano derecha y suma los cinco números. Cada círculo negro vale menos 3 y cada vez que te encuentres uno deberá restarse del total. ¿Cuánto es lo máximo que puedes obtener?

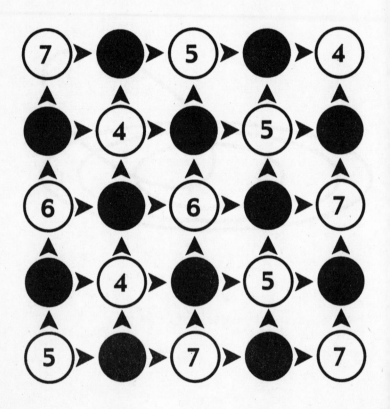

ACERTIJO 99

Los números de la columna D están relacionados en cierta forma con los números de las columnas A, B y C. ¿Qué número debe ir en lugar del signo de interrogación?

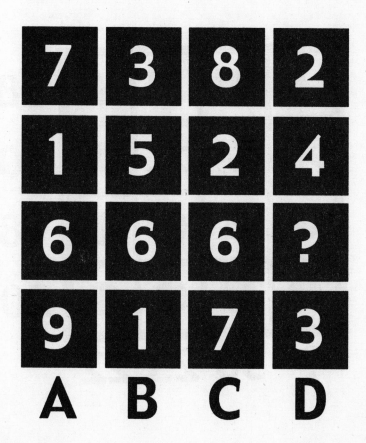

7	3	8	2
1	5	2	4
6	6	6	?
9	1	7	3
A	B	C	D

ACERTIJO 100

Cada símbolo equivale a un número. El total de los símbolos puede encontrarse a lo largo de cada fila y columna. ¿Qué número debe sustituir el signo de interrogación?

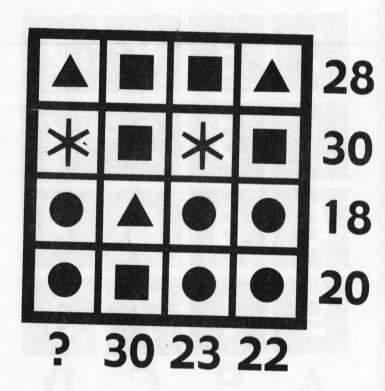

ACERTIJO 101

Sustituye cada interrogación con un signo de más, de menos, de multiplicación o división. Cada signo puede usarse más de una vez. Cuando hayas usado los signos correctos la suma quedará completa. ¿Cuáles son los signos?

3 ? 4 ? 3 ? 8 = 7

ACERTIJO 102

¿Cuál es el menor número de líneas necesarias para dividir el reno, de modo que puedas encontrar los números 1, 2, 3, 4 y 5 en cada sección?

ACERTIJO 103

Sigue las flechas y encuentra la ruta más larga.
¿En cuántas casillas has entrado?

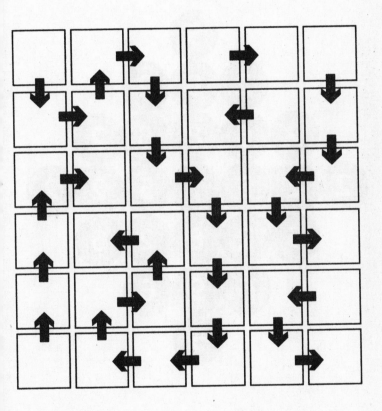

ACERTIJO 104

Empieza en el 7 del centro y muévete de un círculo a otro. Junta tres números y súmalos al 7. ¿Cuántas rutas diferentes hay que sumen 20?

ACERTIJO 105

Divide el cuadrado en cuatro formas idénticas. Los números en cada forma suman lo mismo. ¿Cómo se hace esto?

ACERTIJO 106

Las balanzas 1 y 2 están en perfecto equilibrio. Si una C equivale a cuatro A, ¿cuántas A se necesitan para equilibrar la tercer balanza?

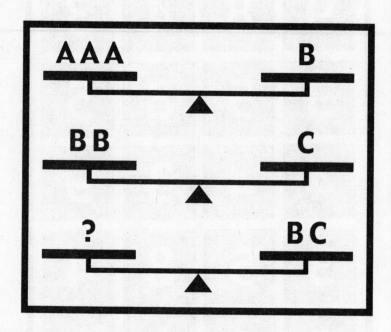

ACERTIJO 107

¿Cuántos rectángulos de cualquier tamaño puedes encontrar en este diagrama?

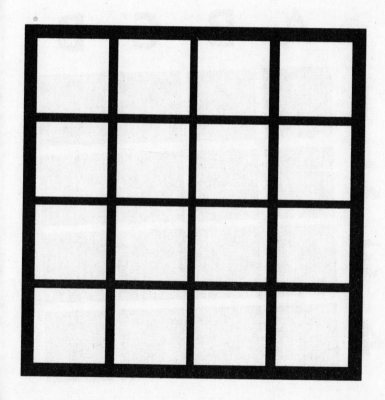

ACERTIJO 108

¿Cuáles cuadrados contienen los mismos números?

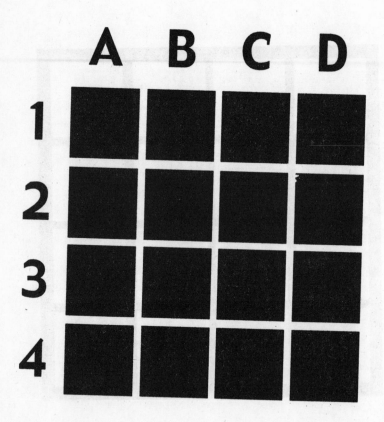

ACERTIJO 109

Llena las casillas vacías de modo que cada línea suma 20. ¿Qué número deberá sustituir al signo de interrogación?

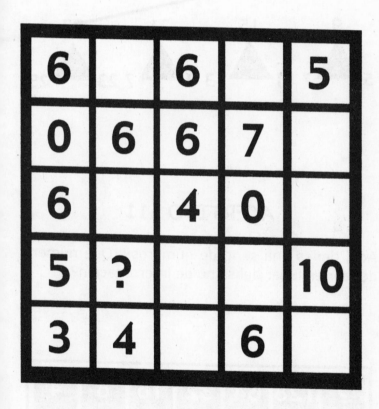

ACERTIJO 110

¿Qué número deberá reemplazar el signo de interrogación para continuar la serie?

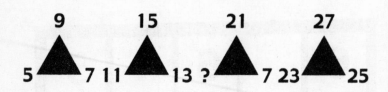

ACERTIJO 111

Aquí tienes una serie de números. ¿Qué número debe ir en lugar del signo de interrogación?

ACERTIJO 112

El número 110 hace despegar la nave. Suma los números que encuentres sobre ella y multiplica el total ya sea por 2, 3, 4, 5, 6 o 7. ¿Qué número deberás utilizar?

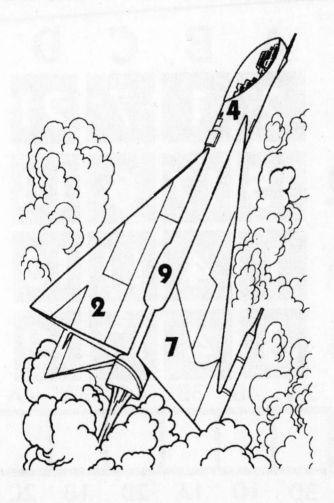

ACERTIJO 113

Encuentra los seis números correctos que deben ir en el recuadro de abajo. Tienes dos opciones para cada cuadro, por ejemplo 1A daría el número 2. Cuando hayas encontrado los números correctos aparecerá una sencilla serie. ¿Cuál es la serie?

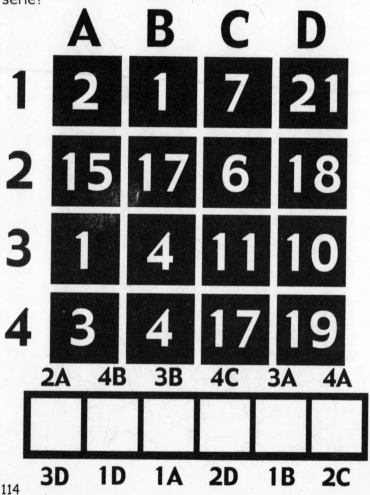

ACERTIJO 114

¿Cuál de los números en el cuadrado es el número impar que no concuerda, y por qué?

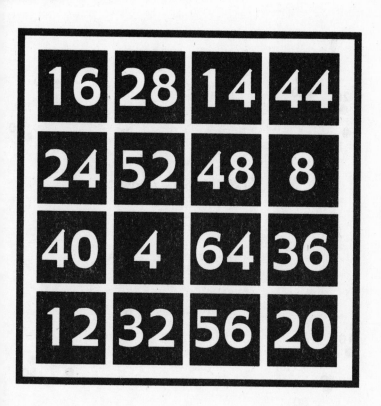

ACERTIJO 115

Une los puntos, usando sólo aquellos números que se puedan dividir entre 10. Empieza por el más bajo y descubre el objeto. ¿Qué es?

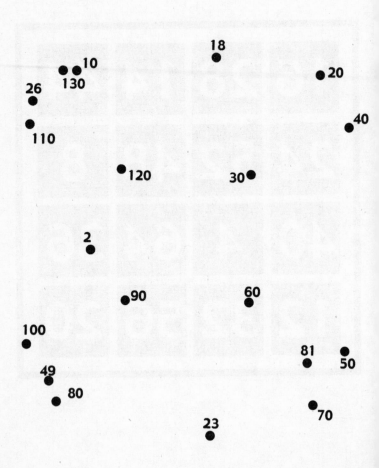

ACERTIJO 116

¿Cuál de estos dibujos no corresponde a la misma caja?

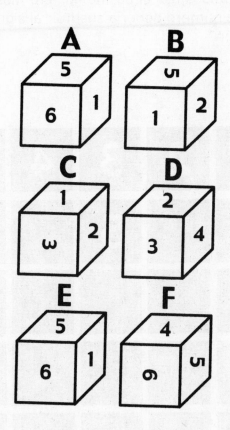

117

ACERTIJO 117

Llena el cuadrado con los números del 1 al 5, de modo que ninguna fila ni columna o diagonal de cinco cuadrados use el mismo número más de una vez. ¿Qué número debería sustituir al signo de interrogación?

ACERTIJO 118

Cada rebanada de este pastel tiene un número. Usando los números que se muestran: ¿cuántas formas hay de sumar cuatro números para hacer un total de 12? Un número puede usarse más de una vez, pero un grupo de números no puede repetirse en un orden distinto.

ACERTIJO 119

Observa el patrón de los números en el diagrama. ¿Qué número debe sustituir al signo de interrogación?

★ NIVEL E ★

¡AAARGH!*

ACERTIJO 120

Los números de la sección central tienen cierta relación entre sí con aquellos números de los lados. Descubre cuál es esta relación y cuál es el número que debe sustituir el signo de interrogación.

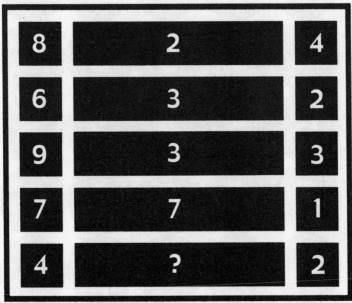

* Respuestas al final del libro.

ACERTIJO 121

Muévete hacia arriba o transversalmente del 8 que está abajo a la izquierda hacia el 7 de arriba a mano derecha. Junta nueve números y súmalos. ¿Cuál es el menor número que obtienes como resultado?

ACERTIJO 122

Empieza por cualquier esquina y sigue las líneas. Suma los primeros cuatro números que encuentres y después suma el resultado al número de la esquina. ¿Cuántas rutas sumarán 21?

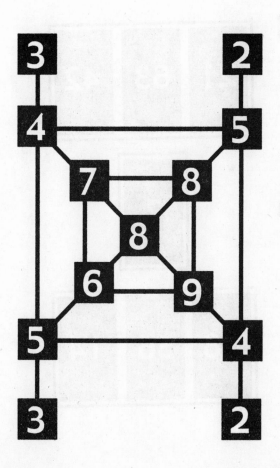

ACERTIJO 123

En la casilla central coloca un número mayor que 1. Si el número es el correcto, todos los demás números pueden dividirse entre él sin dejar remanente. ¿Cuál es el número?

ACERTIJO 124

Cada sector del círculo sigue un patrón. ¿Cuál es el número que debe ir en lugar del signo de interrogación?

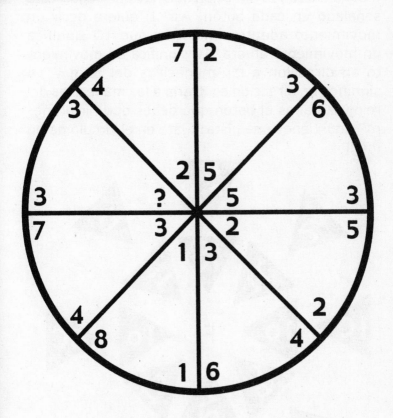

ACERTIJO 125

Aquí tienes una caja fuerte fuera de lo común. Para abrirla, cada uno de los botones debe ser oprimido sólo una vez en el orden correcto. El último botón está marcado con la letra F. El número de movimientos y la dirección que hay que seguir está señalado en cada botón. Así, 1i quiere decir un movimiento adentro, mientras que 1O significa un movimiento afuera. 1C significa un movimiento en dirección a las manecillas del reloj y 1A significa en dirección contraria a las manecillas del reloj. ¿Cuál es el botón que debes oprimir primero? Aquí tienes una pista: fíjate en el círculo de en medio.

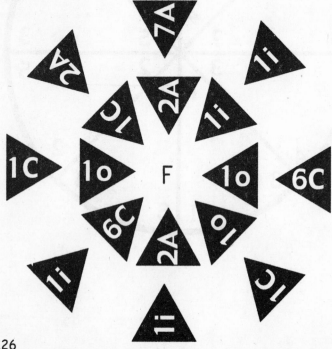

ACERTIJO 126

Cada rebanada de este pastel suma el mismo número. También cada anillo del pastel suma lo mismo. ¿Qué número debe ir en los espacios en blanco?

ACERTIJO 127

Si miras cuidadosamente deberías ver por qué los números están escritos de esta manera. ¿Qué número debe sustituir el signo de interrogación?

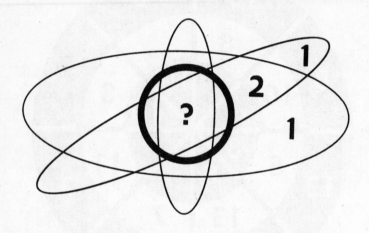

ACERTIJO 128

Cada sector de esta rueda tiene un número. Usando estos números, ¿cuántas formas diferentes hay de sumar cuatro números que den un total de 14? Un mismo número puede ser usado más de una vez, pero un mismo grupo no puede ser repetido en un orden distinto.

ACERTIJO 129

Muévete del 8 que está abajo a la izquierda hacia el 5 de arriba a mano derecha y suma los cinco números. Cada círculo negro vale menos 4 y debe restarse del total cada vez que encuentres uno. ¿Cuál es el resultado más bajo y cuántas rutas distintas hay para encontrarlo?

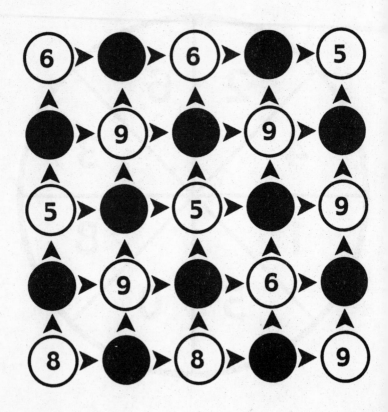

ACERTIJO 130

Los números de la columna D están relacionados de alguna manera con los números de las columnas A, B y C. ¿Qué número debe ir en lugar del signo de interrogación?

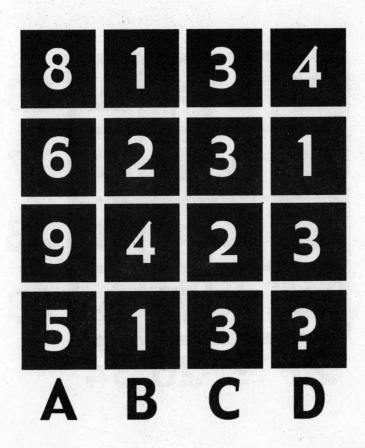

ACERTIJO 131

Cada símbolo equivale a un número. El total de los símbolos puede encontrarse al final de cada fila y columna. ¿Qué número debería sustituir el signo de interrogación?

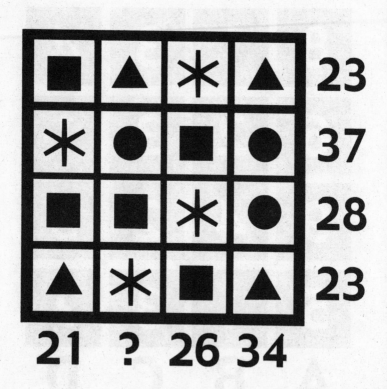

ACERTIJO 132

Sustituye cada interrogación con un signo de más, de menos, de multiplicación o de división. Cada signo puede ser utilizado más de una vez. Cuando hayas utilizado los signos correctos, la suma estará completa. ¿Cuáles son los signos?

| 4 | ? | 5 | ? | 3 | ? | 8 | = | 24 |

ACERTIJO 133

¿Qué número debe sustituir al signo de interrogación para continuar la serie?

ACERTIJO 134

¿Cuál es el menor número de líneas necesario para dividir al oso de modo que puedas encontrar los números 1, 2, 3, 4, 5 y 6 en cada sección?

ACERTIJO 135

Sigue las flechas para encontrar la ruta más larga posible. ¿En cuántas casillas has entrado?

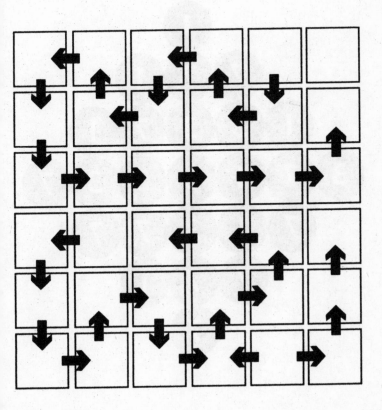

ACERTIJO 136

Empieza en el 5 de en medio y muévete de un círculo a otro. Junta tres números y súmalos al 5. ¿Cuántas rutas distintas hay para sumar un total de 16?

ACERTIJO 137

Divide el cuadrado en seis formas idénticas. Los números dentro de cada forma deben sumar lo mismo. ¿Cómo lo haces?

1	2	2	5	5	2
7	5	7	3	1	3
3	9	9	1	9	7
9	3	7	1	3	5
1	5	2	3	7	1
7	2	9	5	2	9

ACERTIJO 138

Las balanzas 1 y 2 están en perfecto equilibrio. ¿Cuántas C son necesarias para equilibrar la tercera?

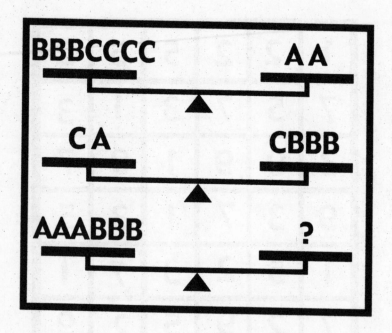

ACERTIJO 139

¿Cuántos cuadrados de cualquier tamaño puedes encontrar en este diagrama?

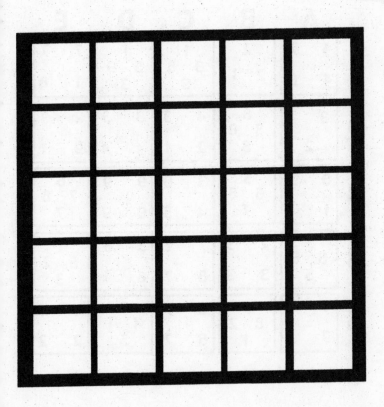

ACERTIJO 140

¿Cuáles cuadrados contienen los mismos números?

	A	B	C	D	E
1	4 7 4 8	2 2 1	1 3 8 9	1 5 9 3	7 7 1 8
2	3 1 2	8 8 8 8	4 3 2 1	3 3 4 4	2 3 9 1
3	8 2 1 4	5 6 8 7	3 9 4 5	9 9 9 9	6 7 8 7
4	5 6 6 5	2 3 3 3	7 1 8 7	5 5 6 1	1 5 2 3
5	1 7 7 8	9 8 2 1	6 7 6 7	6 4 1 5	4 4 2 2

140

ACERTIJO 141

Llena las casillas vacías usando sólo dos números, de modo que cada línea sume 25. ¿Qué número debe estar en lugar del signo de interrogación?

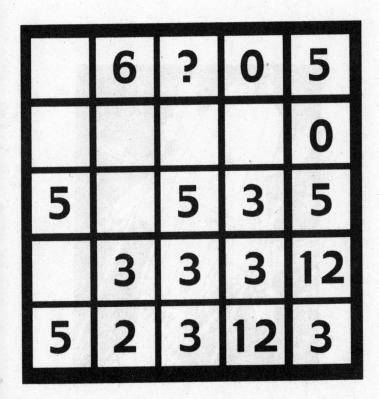

ACERTIJO 142

Para hacer despegar esta nave espacial encuentra el número que, multiplicado por sí mismo, daría como resultado un número igual al total de la suma de los números que tiene la nave. ¿Cuál es el número?

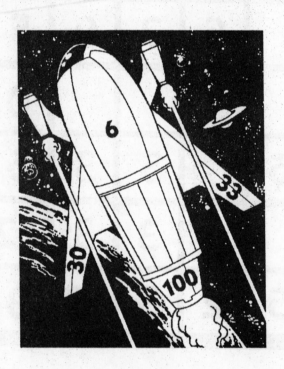

ACERTIJO 143

¿Cuántos 2 puedes encontrar en este triceratops?

ACERTIJO 144

Encuentra los seis números correctos y ponlos en el recuadro de abajo. Tienes dos opciones para cada casilla, por ejemplo, 1A corresponde al 22. Cuando hayas encontrado los números correctos, aparecerá una serie. ¿Cuál es esta serie?

	1	2	3	4	5
A	22	24	16	3	9
B	6	62	15	30	12
C	40	27	36	70	35
D	60	18	7	11	4
E	8	72	13	28	48

1C	2A	3C	2C	1D	2E
5B	**4D**	**5A**	**5E**	**4E**	**3B**

ACERTIJO 145

¿Cuál de los números de este cuadrado es el número impar que no sigue la secuencia y por qué?

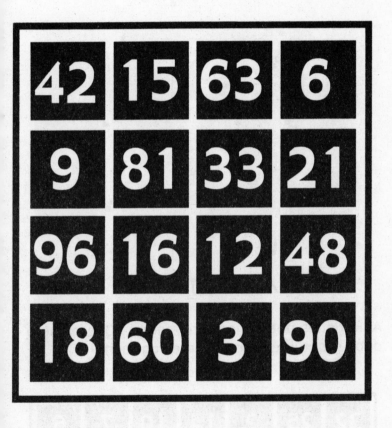

42	15	63	6
9	81	33	21
96	16	12	48
18	60	3	90

ACERTIJO 146

Une los puntos usando sólo aquellos números que puedan dividirse entre 5. Empieza con el menor y descubre el objeto. ¿Cuál es?

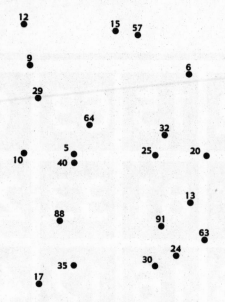

ACERTIJO 147

Aquí tienes una serie de números. ¿Qué número debe sustituir el signo de interrogación?

| 32 | 25 | ? | 14 | 10 | 7 | 5 |

ACERTIJO 148

¿Cuál de estos dibujos no corresponde a la misma caja?

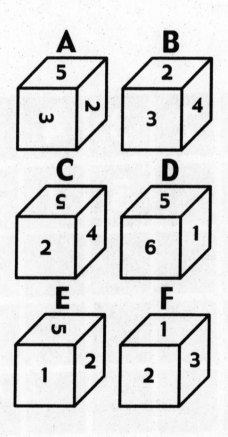

ACERTIJO 149

Llena este cuadro con los números del 1 al 5 de modo que ninguna fila, columna o diagonal de cinco cuadrados utilice el mismo número más de una vez. ¿Qué número debe ir en lugar del signo de interrogación?

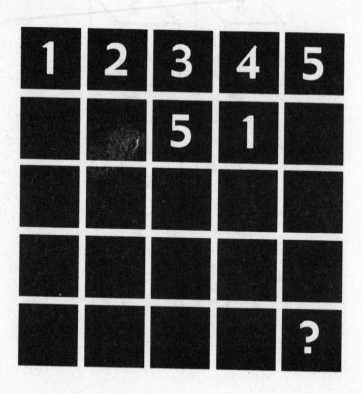

ACERTIJO 150

Mira el patrón que siguen los números en el diagrama. ¿Qué número debe sustituir al signo de interrogación?

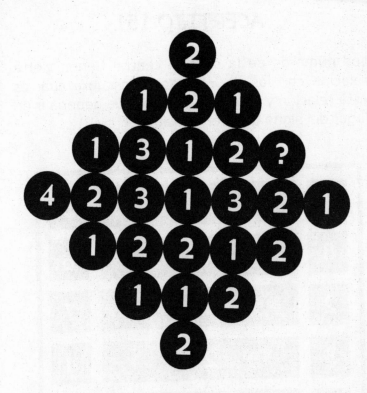

★ NIVEL F ★

SUPER GENIO*

ACERTIJO 151

Los números de la sección central tienen cierta relación con los de los lados. Descubre cuál es esta relación y cuál es el número que debería ir en lugar del signo de interrogación.

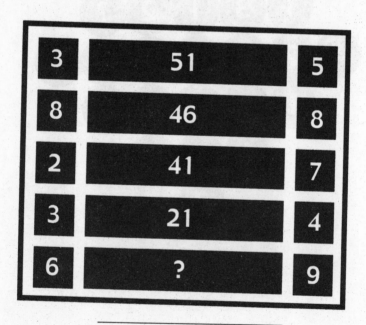

3	51	5
8	46	8
2	41	7
3	21	4
6	?	9

* Respuestas al final del libro.

ACERTIJO 152

Muévete hacia arriba o transversalmente desde el 5 que está abajo a la izquierda hasta el 3 de arriba a mano derecha. Junta nueve números y súmalos. ¿Cuál es el mayor total que puedes obtener?

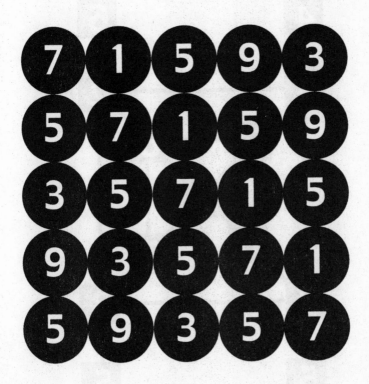

ACERTIJO 153

Empieza en cualquier esquina y sigue las líneas. Suma los primeros cuatro números que encuentres y después suma el resultado al número de la esquina. ¿Cuál es el total posible más bajo y cuántas rutas hay para llegar a él?

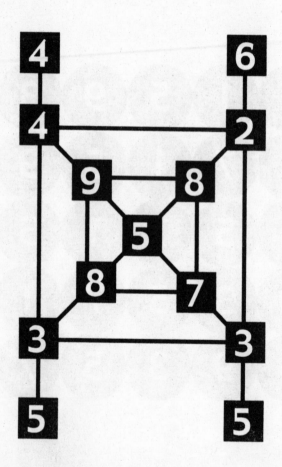

ACERTIJO 154

En la casilla central coloca un número mayor que
1. Si el número es el correcto, todos los otros
números pueden dividirse entre él sin dejar remanente. ¿Cuál es el número?

ACERTIJO 155

Cada sector del círculo sigue un patrón. ¿Qué número debe ir en lugar del signo de interrogación?

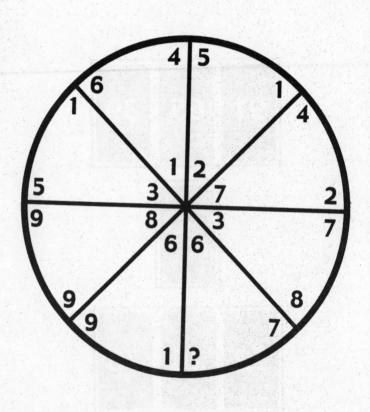

ACERTIJO 156

Aquí tienes una caja fuerte fuera de lo común. Para abrirla, cada uno de los botones debe ser oprimido sólo una vez en el orden correcto. El último botón está marcado con la letra F. El número de movimientos y la dirección que hay que seguir está señalado en cada botón. Así, 1i quiere decir un movimiento hacia adentro, mientras que 1O significa un movimiento hacia afuera. 1C significa un movimiento en dirección de las manecillas del reloj y 1A significa en dirección contraria a las manecillas del reloj. ¿Cuál es el botón que debes oprimir primero? Aquí tienes una pista: busca en el borde externo.

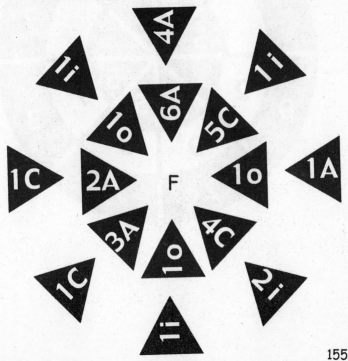

ACERTIJO 157

La suma de cada una de las rebanadas de este pastel da el mismo resultado, al igual que la suma de cada anillo del pastel. ¿Cuáles son los dos números que deben aparecer en las casillas vacías?

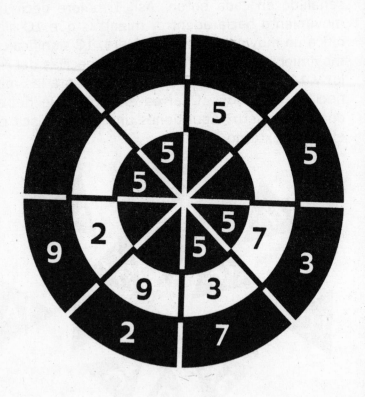

ACERTIJO 158

Empieza en la A y sigue con la B, pasando por las diferentes partes del pato. Hay un número en cada parte, los cuales deben sumarse. ¿Cuál es el total más bajo que puedes obtener?

ACERTIJO 159

Si miras cuidadosamente podrás decir por qué los números están escritos de esta forma. ¿Qué número debe ir en lugar del signo de interrogación?

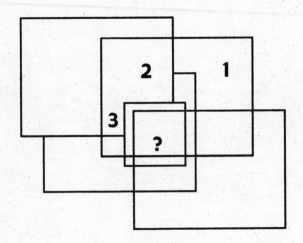

ACERTIJO 160

Muévete del 6 que está abajo a la izquierda hacia el 7 de arriba a mano derecha y suma los cinco números. Cada círculo negro vale menos 5 y debes restarlo del total cada vez que te encuentres uno. ¿Cuántas rutas diferentes, cada una con un total de 10, puedes encontrar?

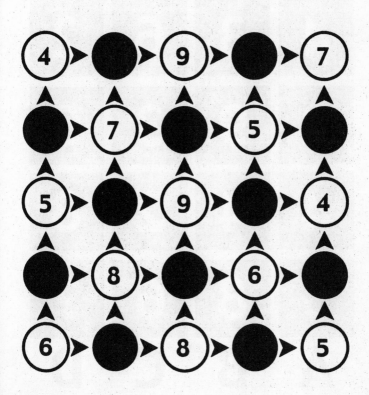

ACERTIJO 161

Los números de la columna D están relacionados, de alguna manera, con los números de las columnas A, B y C. ¿Cuál es el número que debe ir en lugar del signo de interrogación?

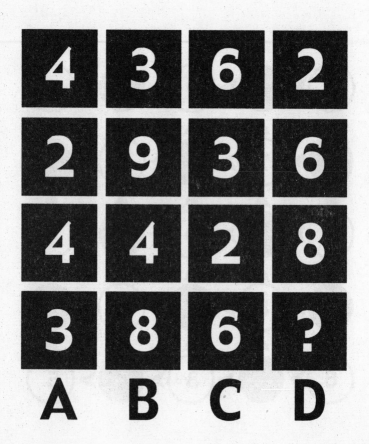

ACERTIJO 162

Cada símbolo equivale a un número. El total de los símbolos puede encontrarse a lo largo de una hilera y de dos columnas. ¿Qué número debe sustituir el signo de interrogación?

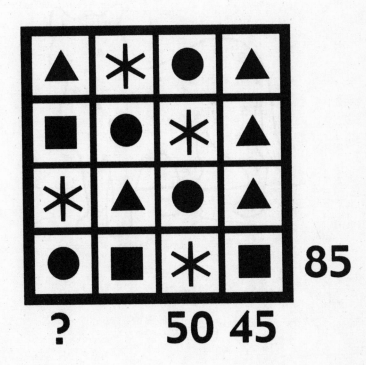

ACERTIJO 163

¿Cuál es el número más bajo de las líneas necesarias para dividir el gato de modo que cada sección siempre sume un total de 17?

ACERTIJO 164

Sustituye cada interrogación con un signo de más, de menos, de multiplicación o de división. Cada signo puede ser usado más de una vez. Cuando hayas usado los signos correctos la suma quedará completa. ¿Cuáles son los signos?

ACERTIJO 165

Sigue las flechas y encuentra la ruta más larga posible. ¿En cuántas casillas has entrado?

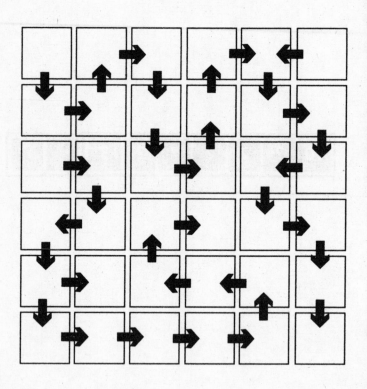

ACERTIJO 166

Empieza en el 9 de en medio y muévete de un círculo otro. Junta tres números y súmalos al 9. ¿Cuántas rutas distintas hay que sumen un total de 17?

ACERTIJO 167

Divide el cuadrado en cuatro formas idénticas. Los números dentro de cada una de las formas suman lo mismo. ¿Cómo se logra esto?

2	9	5	5	1	6
4	8	1	9	5	2
7	3	6	2	7	8
6	3	7	1	7	3
1	8	2	8	3	4
9	5	4	4	6	9

ACERTIJO 168

Las balanzas 1 y 2 están en perfecto equilibrio.
¿Cuántas B se necesitan para equilibrar la tercera
balanza

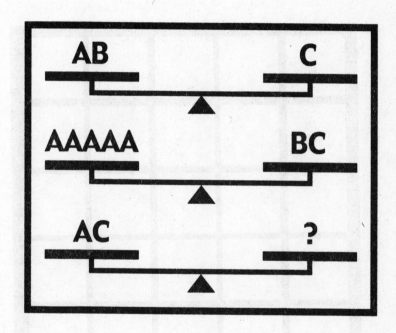

ACERTIJO 169

¿Cuántos rectángulos de cualquier tamaño puedes encontrar en este diagrama?

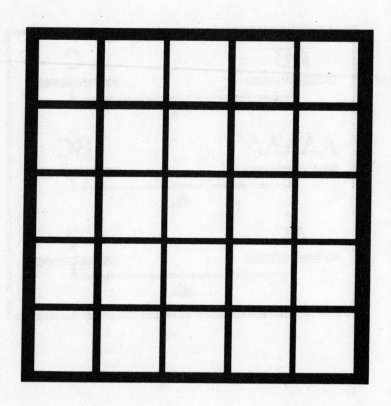

ACERTIJO 170

¿Cuáles cuadrados tienen los mismos números?

	A	B	C	D	E
1	3 4 / 6 9	1 8 / 3 8	2 / 4 6 / 8	1 / 2 3 / 4	1 6 / 3 9
2	1 5 3 / 5	9 / 1 2 / 8	2 3 / 3 2	3 1 / 7 9	6 5 / 5 5
3	3 9 / 1 6	1 / 4 8 / 7	4 3 / 4 3	3 6 / 1 9	1 / 9 8 / 5
4	7 / 6 6 / 7	6 7 / 8 9	9 9 / 8 2	9 9 / 9 1	6 / 9 8 / 4
5	6 4 / 3 7	8 / 3 2 / 4	3 1 / 6 9	4 / 4 6 / 9	8 8 / 8 8

ACERTIJO 171

¿Cuántas maneras hay de obtener 25 en esta tabla de tiro de dardos, usando sólo cuatro de ellos? Todos los dardos caen en la tabla, es decir, ninguno falla. Una vez que un grupo de números se ha usado no se puede repetir en distinto orden.

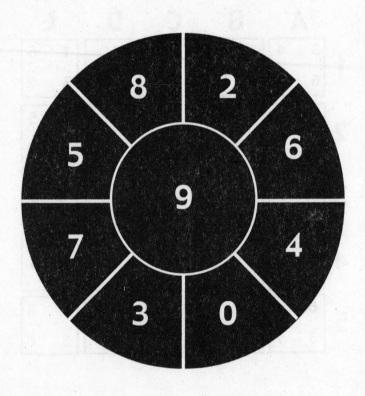

ACERTIJO 172

Llena las casillas vacías de modo que cada línea sume 30. Debes usar únicamente dos números, uno de los cuales es el doble del otro. ¿Qué número remplazaría el signo de interrogación?

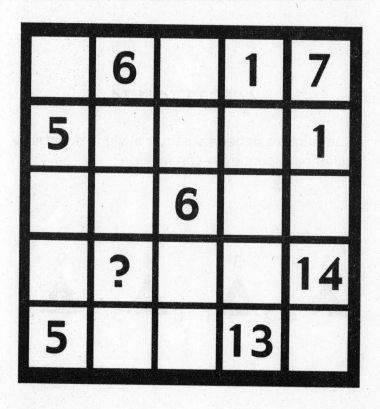

ACERTIJO 173

Aquí tienes una serie de números. ¿Qué número debe ir en lugar del signo de interrogación?

| 49 | 7 | 9 | 3 | 64 | 8 | 25 | 7 |

ACERTIJO 174

¿Qué número debería sustituir al signo de interrogación para continuar con la serie?

5
8
7   4

3
4
2   1

4
7
6   3

9
?
5   4

ACERTIJO 175

Para hacer despegar la nave espacial encuentra el número que, multiplicado por sí mismo, dará como resultado un número igual a la suma de los números que tiene la nave. ¿Cuál es este número?

ACERTIJO 176

Encuentra los seis números correctos y ponlos en el recuadro de abajo. Tienes dos opciones para cada cuadrado, por ejemplo, 1A equivale al número 7. Cuando hayas encontrado los números correctos aparecerá una sencilla serie. ¿Cuál es la serie?

	A	**B**	**C**	**D**
1	7	16	11	4
2	1	12	18	3
3	9	13	8	14
4	5	2	17	2

4D	2C	4A	1A	3A	3D
1B	**4B**	**1D**	**3C**	**1C**	**2C**

ACERTIJO 177

¿Cuáles son los dos números del cuadrado que no siguen el patrón y por qué?

ACERTIJO 178

Une los puntos, usando sólo aquellos números que puedan dividirse entre 4. Empieza por el más bajo y encuentra el objeto. ¿Qué es?

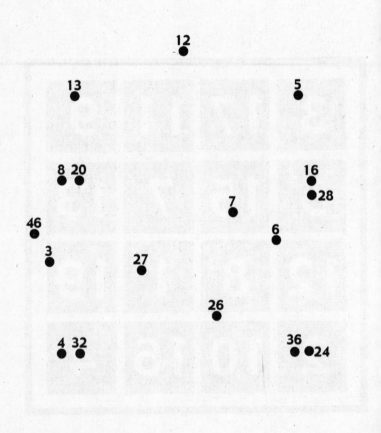

ACERTIJO 179

Copia cuidadosamente las partes y reacomódalas para formar un número. ¿Cuál es?

ACERTIJO 180

¿Cuál de estos dibujos no pertenece a la misma caja?

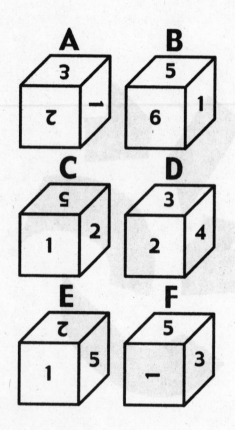

ACERTIJO 181

Llena este cuadrado con los números del 1 al 5, de modo que ninguna fila, columna o diagonal de cinco cuadrados use el mismo número más de una vez. ¿Qué número debe sustituir el signo de interrogación?

ACERTIJO 182

Mira el patrón de los números del diagrama. ¿Qué número debería ir en lugar del signo de interrogación?

RESPUESTAS

1. 9.
2. 12.
3. Un martillo.
4. 2.
5. 3. Cada sector contiene los números 1, 2 y 3.
6. 3.
7. 1. El número está rodeado por sólo una forma.
8. 1. El patrón es simétrico.
9. 19.
10. 6. Suma A, B y C para obtener D.
11. 8.
12. 2.

13. 5.
14. 18.
15. 4.
16. 14.
17. 6.
18.

19. 1A y 3C.
20. 1.
21. 4.
22. 8.
23. 3. Las series son 1,2,3, 1, 2, 3, etcétera.
24. Más y más.
25. 10.
26. C.
27. 1, 2, 3, 4, 5, 6. Los números se incrementan en 1 cada vez.
28. 8. Los números de los lados están juntos en la sección central
29. 19. Los números de los lados están juntos en orden inverso en la sección central.
30. 9.
31. 19.
32. 15.
33. 14.
34. 3.
35. 23. Los números del 1 al 24 están contenidos en los distintos sectores.
36. 2 en la sección externa y 4 en la interna.
37. 3. El número se encuentra en 3 de las formas.
38. 2. El patrón es simétrico.
39. 9. Suma A, B y C para obtener D.
40. 30.
41. 9.
42. 22 en monedas de 2V, 5V y 10V.
43. 3.

44. 28. Los números se incrementan de cuatro en cuatro cada vez.
45. Más y menos.
46. 13.
47. 7.
48. 30.
49. 2.
50.

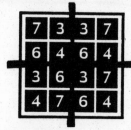

51. 1B y 4D.
52. 2.
53. Una tienda de campaña.
54. F.
55. 2.
56. 2, 4, 6, 8, 10, 12. Los números se incrementan de 2 en 2 cada vez.
57. 7. Es el único número impar.
58. 8.
59. 11. Los números de los lados están sumados para obtener el número de la sección central.
60. 15.
61. 23.
62. 5.
63. 2. Los números en cada sector suman 12.
64. 3. El número se encuentra en 3 de las formas.
65. 8 en la sección externa de arriba, 3 en la sección externa de abajo y 5 en la sección interna.
66. 2S, en la cuarta columna.
67. 4. El total de cada línea horizontal se incrementa en 1.
68. 7. Suma A, B y C para obtener D.

69. 20.

70. 22.

71. 3.

72. Menos, multiplicación y más.

73. 16.

74. 6.

75.

1	6	1	2	4
6	6	4	6	1
2	4	2	1	6
4	2	6	6	2
6	1	6	4	6

76. 6.

77. 36.

78. 6. Muévete de un triángulo a otro, empezando por la izquierda, de modo que obtengas 1, 2, 3, 4. Empieza otra vez para obtener 5, 6, 7, 8. Entonces muévete hasta arriba para obtener 9, 10, 11, 12.

79. 3B y 1D.

80. 0 y 6.

81. 2.

82. 16. Los números se incrementan de 3 en 3 cada vez.

83. Una estrella.

84. 1, 3, 5, 7, 9, 11. Los números se incrementan de 2 en 2 cada vez.

85. 32. Es el único número impar.

86. 8.

87. B.

88. 4.

89. 42.

90. 6. El número de abajo a mano derecha está tomado del número de abajo, a mano izquierda, en la sección central.

91. 41.

92. 23.

93. 11.

94. 1. El total de cada sector se incrementa en 1.

95. 1i, encontrado entre 4A y 3C.

96. 2.

97. 3. El número se encuentra en 3 de las formas.

98. 18.

99. 6. Suma A y B, y resta C para obtener D.

100. 21.

101. Multiplicación, más y menos.

102. 4.

103. 17.

104. 10.

105.

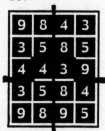

106. 9.

107. 100.

108. 2C, 3B y 4A.

109. 1.

110. 17. Los números impares se incrementan en orden de izquierda a derecha, hasta llegar al vértice de cada triángulo.

111. 256. Los números se dividen a la mitad a partir de la izquierda cada vez.

112. 5.

113. 1, 3, 6, 10, 15, 21. Los números se incrementan en 2, 3, 4, etcétera.

114. 14. Todos los demás números son divisibles entre 4.

115. Una cruz de Malta.

116. E.

117. 4.

118. 7.

119. 9. Cada columna de números da un total de 9.

120. 2. El número de la izquierda está dividido entre el número de la derecha, para obtener el número de la sección central.

121. 50.

122. 4.

123. 7.

124. 3. Los sectores opuestos tienen el mismo resultado.

125. 1C.

126. 9.

127. 4. El número se encuentra en 4 de las formas.

128. 23.

129. 13 y un camino.

130. 1. A menos B menos C da D.

131. 30.

132. Más, división y multiplicación.

133. 13. Los dos números de la base de cada triángulo se suman para obtener el número del vértice.

134. 4.

135. 17.
136. 13.
137.

1	2	2	5	5	2
7	5	7	3	1	3
3	9	9	1	9	7
9	3	7	1	3	5
1	5	2	3	7	1
7	2	9	5	2	9

138. 16.
139. 55.
140. 1E, 4C y 5A.
141. 7.
142. 13.
143. 40.
144. 12, 24, 36, 48, 60, 72. Los números se incrementan de 12 en 12 cada vez.
145. 16. Todos los demás números son divisibles entre 3.
146. Una flecha.
147. 19. Las series de números decrecen a partir de la izquierda en 7, luego 6, 5, 4, etcétera.
148. F.
149. 3.
150. 1. El total de cada línea horizontal se duplica desde afuera hacia el centro.
151. 45. Los números laterales están multiplicados entre

sí y colocados en orden inverso para obtener el número de la sección central.

152. 47.

153. 16 es el número más bajo y hay dos rutas.

154. 13.

155. 9. Cada sector en la mitad inferior del círculo da un total del doble de su opuesto.

156. 1C.

157. 4 y 6.

158. 13.

159. 4. El número se encuentra en 4 de las formas.

160. 5.

161. 4. A por B dividido entre C da D.

162. 60

163. 4.

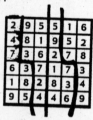

164. División, multiplicación y menos.

165. 19.

166. 12.

167.

168. 2.

169. 225.

170. 1E, 3A, 3D y 5C.

171. 22.

172. 4.
173. 5. Junto a cada número está su raíz cuadrada.
174. 10. El número de la izquierda se suma al número de arriba y después el número de la derecha se resta para obtener el número central.
175. 12.
176. 2, 3, 5, 7, 11, 13. Todos estos son los números primos.
177. Cada par de números en cada fila hace un total de 20. Los primeros dos de la fila inferior, 2 y 10, no suman esto.
178. Un sobre.
179. 5.
180. D y E.
181. 3.
182. 4. El total de cada línea horizontal se duplica desde afuera hacia el centro.

Esta edición se imprimió en Septiembre de 2006. Acabados. Editoriales
Tauro. Margarita No. 84 Col. Los Ángeles Iztapalapa México, D.F.

_ _ _ _ _ _ _ _ _ _ _ _ _ _ _ _ _ _

SU OPINIÓN CUENTA

Nombre..............

Dirección:

Calle y núm. exterior ....interior..............

Colonia .... Delegación ....

C.P. .... Ciudad/Municipio ....

Estado................................. País ....

Ocupación .... Edad ....

Lugar de compra ....

Temas de interés:

❏ *Empresa*	❏ *Psicología*	❏ *Cuento de autor extranjero*
❏ *Superación profesional*	❏ *Psicología infantil*	❏ *Novela de autor extranjero*
❏ *Motivación*	❏ *Pareja*	❏ *Juegos*
❏ *Superación personal*	❏ *Cocina*	❏ *Acertijos*
❏ *New Age*	❏ *Literatura infantil*	❏ *Manualidades*
❏ *Esoterismo*	❏ *Literatura juvenil*	❏ *Humorismo*
❏ *Salud*	❏ *Cuento*	❏ *Frases célebres*
❏ *Belleza*	❏ *Novela*	❏ *Otros*

¿Cómo se enteró de la existencia del libro?

❏ *Punto de venta*	❏ *Revista*
❏ *Recomendación*	❏ *Radio*
❏ *Periódico*	❏ *Televisión*

Otros: ....

Sugerencias: _____
_____
_____

Acertijos con números para niños: